Género Ficción histórica

I0800107

Pregunta esencial

¿Cómo afectan tu vida los inventos y la tecnología?

La máquina de la libertad

Paul Mason
ilustrado por Dan Bridy

CAPÍTULO 1

Lo más reciente

La primera vez que vi un auto fue un día que caminaba a casa con papá. Cada uno de nosotros cargaba un costal con manzanas. Papá trabaja para la señora Williams, cuida su enorme casa y su jardín. Cuando ella vio que yo ayudaba a papá a recoger sus manzanas, me dijo que podía llevar algunas a casa. La señora Williams es así de generosa.

De repente, escuchamos un sonido extraño detrás de nosotros. Era como un traqueteo ronco. Volvimos el rostro en esa dirección y vimos un auto andando en medio de la vía. El aparato era tal como lo habíamos visto en las fotografías. El conductor nos saludó y nosotros le sonreímos.

—¡Vaya!, si tuviéramos un invento como ese, no tendríamos que cargar estos pesados sacos —dije—. Incluso podríamos conducir a la tienda de abarrotes cuando quisiéramos.

Papá negó con la cabeza.

—¿Tienes idea de cuánto puede costar un artilugio de esos? No podemos comprar un auto —dijo—. Además, están mi bicicleta y esas hermosas cosas que hay al final de tus piernas —apuntó a mis zapatos—, se llaman pies y están hechos para caminar.

—¡Ay, papá!, —me quejé.

—Y esas máquinas que andan sobre rieles y te llevan a otros lugares se llaman trenes —se burló.

—Pero solo piensa, papá, podríamos ir donde quisiéramos con un auto —continué entusiasmada—. Podríamos ir de pícnic al río y llevar una gran canasta con comida.

Luego, se me ocurrió algo más para hacerle una demostración de su utilidad.

—¿Qué tal conducir a la playa? —jadeé—. No conozco el mar. Imagínate ir allí en auto.

Papá aún no se convencía y sacudió su cabeza.

—Estás fascinada por los autos —sonrió—. Son novedosos, pero no estoy seguro de cuán grandiosos sean.

CAPÍTULO 2

No es un juguete

A la semana siguiente, volvimos a la casa de la señora Williams con papá. Cuando llegamos, no podía creer lo que veían mis ojos. Había un auto negro y brillante en la entrada. Era toda una pieza de ingeniería. Quedé con la boca abierta.

—La señora Williams lo ordenó hace algún tiempo —dijo papá sonriendo—. Se lo acabaron de entregar. Adelante, puedes tocarlo.

Recorrí con mis manos el suave metal. No parecía real. La señora Williams también estaba aturdida por la emoción.

—Se da cuenta de que usted tendrá que conducirlo, ¿no es así, señor Dawson? —le dijo a papá—. No sé nada acerca de conducir. Usted estará más calificado que yo para hacerlo.

Papá parecía intranquilo.

—Supongo que tendré que aprender a conducir —dijo rascándose la cabeza.

Esa noche, papá estudió el manual de instrucciones del auto y, todos los días cuando llegaba a casa, me contaba que practicaba en la entrada de la casa de la señora Williams. Ojalá que fuera yo quien aprendiera a conducir.

Una tarde papá llegó a casa cubierto de polvo de pies a cabeza, lucía deplorable. Los gemelos y yo nos reímos mientras mamá sacudía el polvo de su abrigo que había colgado en el tendedero.

—¿Y por qué estás polvoriento y sucio? —preguntó mamá.

—Llevé a la señora Williams a Brownsville para ver a un amigo —contestó papá—. Era un viaje de 20 millas, ida y vuelta, por un camino completamente seco. Esas vías se pensaron para caballos y carruajes, no para autos —refunfuñó.

—Y deberían haber visto a la señora Williams —continuó—. Nunca la había visto tan enojada. Su ropa también estaba cubierta de polvo. Un día de estos me dará un caballo y un carruaje.

Al día siguiente, acompañé a papá para ayudarle a limpiar el auto de la señora Williams después del polvoriento viaje del día anterior.

Limpiamos, lustramos, lavamos y cepillamos cada superficie dentro y fuera. Para cuando terminamos, la pintura relucía y los faros y la bocina brillaban.

Puse mis manos en el volante como si estuviera conduciendo. Me retorcí en el asiento de cuero.

—¿Puedes mostrarme cómo encender el motor con la manivela? ¿Podemos dar una corto paseo? —supliqué. En ese momento entendí que anhelaba la transmisión de ese conocimiento.

—No, Alice —me respondió—. El auto no es un juguete y no puedo desperdiciar la gasolina de la señora Williams.

—¿Crees que algún día podamos dar una paseo? —pregunté—. Papá se encogió de hombros como respuesta.

CAPÍTULO 3

El vapor y la oferta

Días después tuve la oportunidad de subirme al auto. Le ayudaba a papá a recoger manzanas y la señora Williams decidió visitar a su sobrino.

—¿Puede llevarme a la estación más tarde? —le preguntó a papá—. Me gustaría tomar el tren de la una en punto.

Papá sacó el reloj del bolsillo.

—Debemos irnos inmediatamente si queremos llegar a tiempo —respondió.

La señora Williams se sorprendió.

—Tenemos tiempo —dijo—. Ese auto tiene una velocidad máxima de 35 millas por hora.

—Bueno, quizás en una buena superficie, señora Williams —dijo papá—, pero el camino a la estación no fue hecho para autos.

La señora Williams suspiró.

—Si usted lo dice, señor Dawson. —Entonces me guiñó el ojo—. Supongo que también tendremos que llevar a Alice. He escuchado cuánto le gustan los autos. Estoy segura de que le encantará venir.

Casi me caigo por la sorpresa y la emoción. ¡Iba a dar una vuelta en un carro de verdad!

Al comienzo, el viaje a la estación estuvo bien. Me senté al frente con papá: veía sus manos en el volante, escuchaba el rugido del motor y sentía el viento en mi cara. No podía creer lo rápido que íbamos, incluso cuesta arriba.

De repente hubo un gran silbido y nubes de vapor empezaron a salir del motor. Papá guio el auto hacia el césped, junto a la vía. Abrió el capó y empezó a revisar el motor.

—Creo que el auto se recalentó —murmuró—. Tendremos que poner agua en el radiador.

—Pero no hay agua por aquí —dijo la señora Williams. Solo había hierba seca y un par de arbustos al lado de la vía—. ¿Qué vamos a hacer? No quiero perder el tren.

Papá también parecía preocupado.

—Nunca tendrías este problema con un caballo californiano —murmuró.

La señora Williams suspiró. La observé mientras sacaba de su bolso canadiense una botella y una copa. Estaba a punto de servirse un trago.

—Señora Williams, ¿eso es agua? —pregunté.

—Sí, ¿por qué? —Entonces, entendió—. ¡Agua! —exclamó—. ¡Qué buena idea, Alice! —dijo—. Salió del auto y le pasó la botella a papá.

—Debemos esperar a que el radiador se enfríe antes de verter el agua o se agrietará —dijo.

Esperamos hasta que el radiador se enfrío.

—Cruce los dedos, señora Williams —dijo papá mientras vertía el agua y agarraba la manivela.

Papá giró la manivela y el motor carraspeó.

Detective del lenguaje

Californiano es el gentilicio para personas y cosas que provienen de California. ¿Qué otro gentilicio puedes encontrar en esta página?

—¡Ha vuelto a la vida! —pensé. Se subió de nuevo y pronto el auto estuvo de nuevo en la vía. Papá condujo tan rápido como se atrevía. Yo tenía el corazón en la garganta.

Cuando llegamos a la estación, el tren ya había llegado. Papá sacó la maleta de la señora Williams del auto y la llevó al tren.

—Gracias, señor Dawson —dijo la señora Williams—. Tuvo razón al tomarnos ese tiempo extra. Y si no fuera por tu rapidez mental, Alice —me sonrió—, no habría alcanzado el tren. Me gustaría que tomaran el auto prestado por un día como agradecimiento —le dijo a papá.

Por segunda vez, casi me caigo. Incluso papá silbaba mientras conducíamos de vuelta al pueblo.

Detective del lenguaje

Ha vuelto es un tiempo compuesto. ¿Qué otro tiempo compuesto puedes encontrar en esta página?

CAPÍTULO 4
Al mar

Esa noche, papá le contó al resto de la familia acerca de la oferta de la señora Williams.

—¿Saben? Me estoy empezando a acostumbrar a esta nueva tecnología y creo que disfrutaríamos de un día en la playa —dijo sonriendo.

Los gemelos saltaban y gritaban: "¡La playa! ¡La playa! ¡Un auto! ¡Un auto!".

Ese sábado, le ayudé a mamá a preparar el pícnic. Luego, papá embutió la canasta de pícnic debajo del asiento. Los gemelos y yo nos apretujamos en el asiento trasero. Mamá se sentó al lado de papá con el bebé John en su regazo.

Les sonreí a los gemelos.

—Les va a encantar —dije.

Papá giró la manivela y el motor arrancó. Se subió, puso el auto en marcha, soltó el freno y ya estábamos andando.

Una vez salimos del pueblo, papá le puso gasolina al auto. Incluso con las llantas llenas de aire, el auto se sacudió y traqueteó por los caminos llenos de baches. Pero no nos importaba qué tan duro fuera el viaje.

La playa era mejor de lo que habíamos podido imaginar. El océano relucía, el sol brillaba y la arena era casi blanca.

Mamá se sentó con el bebé John al borde del agua mientras él jugaba. Papá nos mostraba al resto cómo saltar por encima de las olas.

Más tarde, los gemelos y yo fuimos a indagar en las pozas en búsqueda de tesoros. Encontramos conchas multicolores, estrellas de mar y pequeños peces que se movían por todos lados.

Y pudimos ver todo esto gracias al auto, nuestra máquina de la libertad.

Nadie quería irse, pero al final recogimos todo y lo subimos al auto. Todos estábamos muy cansados. John dormía en los brazos de mamá en el asiento trasero. Estaba más fresco ahora y papá extendió una sábana sobre ellos antes de salir. Yo me pude sentar al frente junto a él.

A medida que nos acercábamos más y más a casa, pasamos a algunas personas que recogían manzanas y nos saludaron.

—Supongo que creen que este auto es nuestro —dijo papá.

—Desearía que fuera nuestro —suspiré.

Papá pensó un momento.

—¿Sabes qué? —dijo finalmente—. Creo que tienes razón acerca de los autos, Alice. Pueden llevarte a muchos lugares. ¡Ahora solo deben sacar una patente para mejorar estas carreteras!

Respuesta a la lectura

Resumir

A partir de los detalles importantes de *La máquina de la libertad,* resume el relato. El organizador gráfico puede servirte de ayuda.

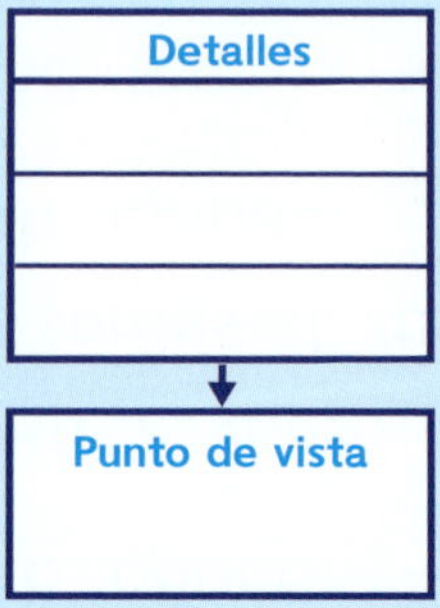

Evidencias del texto

1. ¿Qué elementos de *La máquina de la libertad* indican que es un relato de ficción histórica? GÉNERO

2. Describe el punto de vista desde el cual se narra el relato. Cita ejemplos del texto. PUNTO DE VISTA

3. Escribe un sinónimo de la palabra *embutió* de la página 9. SINÓNIMOS

4. Escribe cómo cambiaría este relato si lo contara un narrador en tercera persona. ESCRIBIR SOBRE LA LECTURA

Género **Texto expositivo**

Compara los textos

Lee sobre los efectos que el sistema de autopistas interestatales tuvo en la gente de Estados Unidos.

El sistema interestatal de autopistas

En Estados Unidos, a principios del siglo XX, los autos se volvieron más comunes. En ese entonces, la mayoría de las carreteras estaban sin pavimentar. Eran más aptas para el tránsito de caballos y carretas. Conducir en estas carreteras tomaba mucho tiempo. El viaje estaba lleno de baches y era muy incómodo.

Unas cuantas décadas después, la gente empezó a explorar la idea de un sistema de autopistas. Sin embargo, el costo de la construcción de estas autopistas sería altísimo. ¿Quién lo pagaría?

Las carreteras en mal estado hacían que los viajes fueran difíciles. Con frecuencia, los autos se atascaban en el barro.

En 1953, Dwight D. Eisenhower se convirtió en el presidente de Estados Unidos. Él se dio cuenta de que la gente necesitaba autopistas para movilizarse y transportar las mercancías a través del país.

En 1956, Eisenhower convenció al Congreso de aprobar la Ley de Ayuda Federal de Autopistas. Se construirían más de 40,000 millas de autopistas que atravesarían cada estado. El Gobierno pagaría los costos de la construcción de la mayoría del sistema interestatal de autopistas.

Las nuevas autopistas tendrían por lo menos dos carriles en ambas direcciones.

Cómo están numeradas las autopistas interestatales

Cada autopista interestatal tiene un número. Las rutas principales tienen números de uno o dos dígitos. Las autopistas interestatales con números impares van hacia el norte y hacia el sur. Las que van hacia el oriente y hacia el occidente tienen números pares.

Los números de tres dígitos se usan para las autopistas que están cerca de las ciudades y para las rutas que unen diferentes autopistas interestatales.

La construcción de algunas secciones de las autopistas implicó enormes retos de ingeniería. Era difícil construir autopistas sobre o alrededor de las grandes montañas. Para abrir pasos, los ingenieros usaron explosivos y construyeron túneles.

Cuando se terminó de construir el nuevo sistema, la mercancía se transportó directamente en camiones en todo el país. Las personas pudieron viajar distancias largas mucho más rápido.

La construcción del sistema interestatal de autopistas facilitó la vida de las personas. También modificó el paisaje. De repente, la gente pudo vivir más lejos de los centros de los pueblos y de las ciudades.

Los pasos elevados o puentes se construyeron para que las autopistas pudieran pasar por encima de las carreteras existentes

Haz conexiones

¿Cómo afectaron las autopistas interestatales la vida de las personas? **PREGUNTA ESENCIAL**

¿Cómo cambió la tecnología la vida de los estadounidenses y de Alice? **EL TEXTO Y OTROS TEXTOS**

Enfoque: Género

Ficción histórica En la ficción histórica se narra un relato que se ambienta en el pasado. En ocasiones, el autor brinda información de un suceso real o se basa en hechos reales. La ficción histórica le permite comprender al lector cómo era la vida en el pasado.

Lee y descubre En un relato que se ambienta en el pasado, el autor por lo general incluye fechas, sucesos, vestimentas y otros objetos para mostrarle al lector el momento en que se desarrolla el relato. Identifica detalles que te permitan saber que *La máquina de la libertad* se ambienta en el pasado, como, por ejemplo, los caminos polvorientos.

Tu turno

Trabaja solo o con un compañero para imaginar otro suceso que involucre el auto y a la familia Dawson. Por ejemplo, que el señor Dawson tome el auto para ir a un evento en otro pueblo.

Dibuja una "fotografía" para tu álbum familiar. Apóyate en detalles del relato y piensa en el punto de vista que quieres mostrar. Escribe pie de foto para la imagen.